Die Sonnenfrau

erzählt von Patricia Paweletz
und illustriert von Annabelle Dickert

Alle Rechte vorbehalten.
© 2013 Patricia Paweletz

Illustrationen © Annabelle Dickert
Umschlag und Layout © Katja Reiche

Herstellung und Verlag:
BoD – Books on Demand, Norderstedt

ISBN 9783732234004

Die Deutsche Nationalbibliothek verzeichnet
diese Publikation in der Deutschen National-
bibliografie; detaillierte biografische Daten
sind im Internet über www.dnb.de abrufbar.

Für Gesa

In einem Dorf, in dem die alten Häuser in einem Rund zusammenstehen, wohnt sie, die Sonnenfrau.
Das Dorf ist umgeben von Feldern und Wäldern.
Früher gab es in der Nähe einen Zaun mit Stacheldraht, den die Menschen nicht überwinden konnten.
Heute ist der Zaun weg, und die Leute können sich in alle Himmelrichtungen frei bewegen.

Die Sonnenfrau reist viel und gerne.
Mit dem Zug fährt sie kreuz und quer durchs Land.
Und mit dem Flugzeug fliegt sie zu anderen Kontinenten.

Nicht weit von ihrem Dorf gibt es ein Schloss.

In diesem Schloss macht sie ihre Arbeit.

Viele, viele Menschen kommen zu ihr.

Menschen, die traurig sind, oder die sich kaputt und sehr müde fühlen kommen zu ihr.

Auch Paare, die sich oft streiten, oder Familien, in denen vieles schief geht, finden den Weg zum Schloss.

Und Menschen, die lernen wollen, wie man anderen Menschen helfen kann.

Die Sonnenfrau ist groß und schmal und sie trägt lange farbenfrohe Kleider. Manchmal steckt sie sich ihr rotes langes Haar auf dem Kopf fest. Dabei fällt eine Strähne auf ihre Schulter herab.

Sie hat hellblaue Augen und einen großen Mund.

Wenn sie lächelt, wird es den Menschen warm ums Herz.

Um besser sehen zu können, trägt sie eine Brille.

Dabei nimmt sie die Menschen nicht nur mit den Augen wahr. Auch mit ihren Ohren und mit ihrer Nase und mit ihren Händen, wenn sie sie berührt.

Sie hat einen Mann, die Sonnenfrau.

Er hat den Schlüssel für das Schloss und er passt gut darauf auf. Und er kümmert sich um das Schloss und den großen Garten.

Und es gibt einen Koch, der mit dem Gemüse und den Kräutern aus dem Garten zauberhafte Gerichte kocht.

Das Schloss hat viele Zimmer und jedes sieht anders aus.

Die Leute, die sie besuchen, dürfen darin wohnen.

In ihren Räumen hat die Sonnenfrau viele Schätze.
Glasschränke sind voll mit Puppen und kleinen Tieren
aus Holz und Ton, mit Steinen und Muscheln.

In einer großen Holztruhe bewahrt sie wunderschöne
Kleider auf. Sie hat auch viele Hüte, große und kleine.
Und Tücher und Bänder und Stifte und Farben, und große
Papierbögen.

Und sie hat Instrumente: Trommeln und Flöten, einen
riesigen Gong und ein langes Regenrohr. Wenn man es
bewegt, rasseln und rieseln die Steinchen darin und es
klingt wie ein warmer Sommerregen.

Die Sonnenfrau liebt Klänge und Gerüche und Farben und Bewegung. Und sie liebt Pflanzen. Im großen Garten vom Schloss stehen hohe Bäume. Oft geht sie zu einem Baum und lehnt sich an. Spürt seine Wurzeln und lauscht seiner Geschichte.

Wenn Menschen, denen es nicht gut geht, zu ihr kommen, öffnet die Sonnenfrau ihre Schränke. Sie dürfen die Schätze entdecken, berühren und ausprobieren.
Dazu stellt sie Fragen und gibt ihnen Aufgaben.
Manchmal setzt sich jemand ganz viele Hüte auf einmal auf den Kopf und soll dann sortieren, welchen Hut er wozu braucht.

Oder ein Ehepaar baut mit Muscheln und Steinen den Weg auf, den es zusammen gegangen ist, und den es sich wünscht weiter zu gehen. Oder von einer Familie sucht sich jeder einen eigenen Baum im Garten aus und führt dann die anderen zu seinem Baum.

Das meiste geschieht ohne viele Worte.

Wenn die Menschen wieder abreisen, geht es ihnen viel besser und sie wissen gar nicht, wie das passiert ist.

Sie dürfen sich alle etwas aus dem Garten mitnehmen zur Erinnerung. Eine Kastanie, einen Stein, Baumrinde, Holz, Blätter, Erde, oder eine kleine Pflanze.

Einigen pflückt sie zum Abschied eine Blume.

Einmal waren viele Menschen bei ihr, die von ihr lernen wollten. Auf dem großen Platz vor dem Schloss, auf dem früher die Pferde geritten wurden, standen sie alle im Kreis und wedelten mit den Armen. Sie durften laut rufen und tanzen.

Da kam ein grimmig aussehender Bauer mit seinem Trecker angefahren. „Platz da, wenn ihr sonst nichts zu tun habt, weg hier, ihr seid im Weg." Erschrocken hörten sie auf zu tanzen. Die Sonnenfrau ging zu dem Bauern, den sie kannte. „Was brauchen sie denn noch außer Platz, damit sie sich nicht ärgern müssen?"

„Ich brauche helfende Hände. Die Ernte muss eingefahren werden, und mein Sohn liegt krank im Bett."

„Wer ist bereit bei der Ernte zu helfen?" fragte die Sonnenfrau. Viele Hände schnellten in die Höhe.

Von da an mochte der Bauer die „Verrückten", die im Schloss tanzten und sangen, und die bei der Ernte mit anpacken konnten.

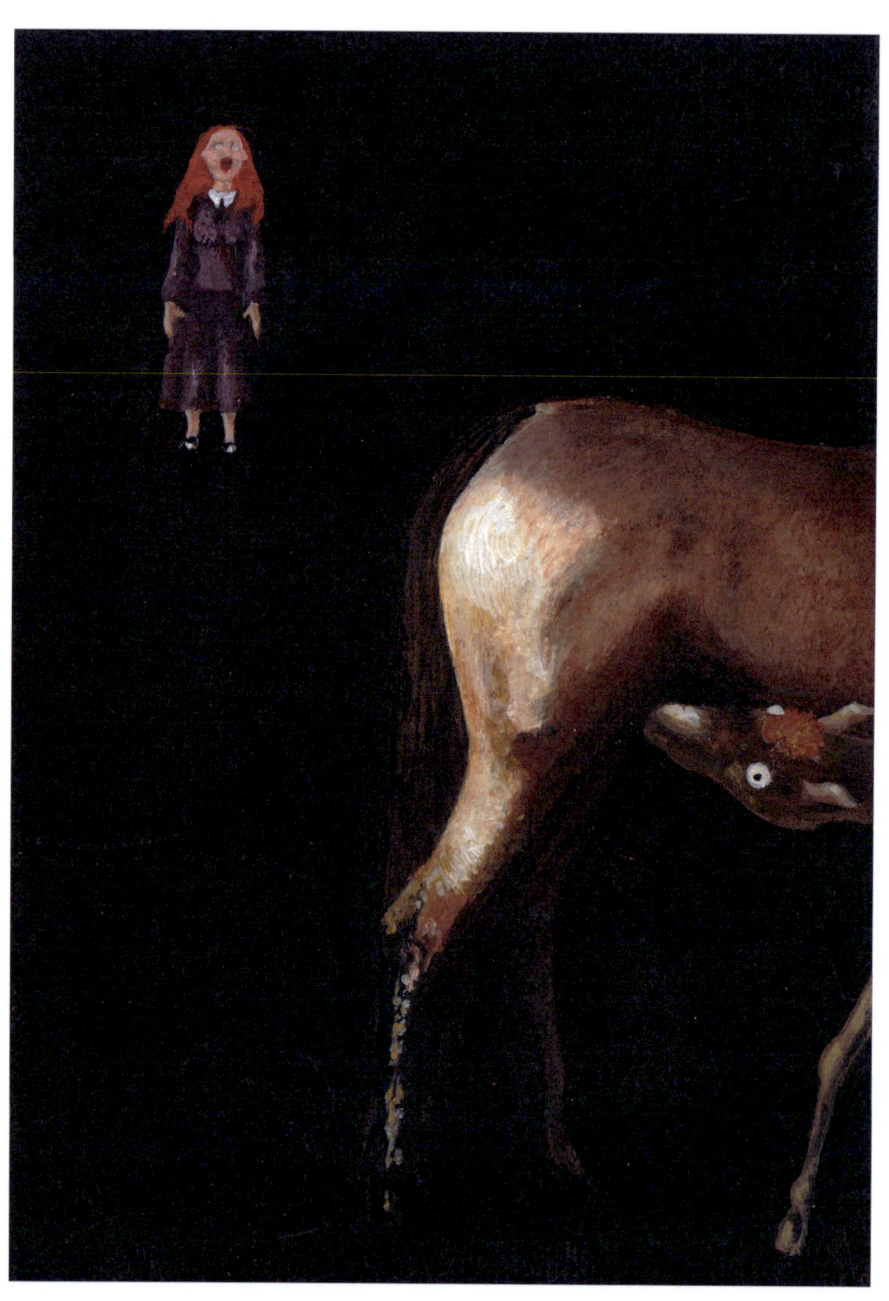

Ein anderes Mal war die Sonnenfrau in Australien. Auf der Farm, wo sie wohnte, war gerade ein Fohlen geboren worden. Doch seine Mutter wollte es nicht trinken lassen, und stieß es weg.

Die Sonnenfrau stellte sich mit beiden Beinen fest auf die rote Erde und begann zu singen. Laute Töne, hell und dunkel, hoch und tief.

Da wendete die Stute ihren Kopf zu ihr. Ihr tropfte die Milch aus den Zitzen. Sie trottete zu ihrem Fohlen, das mit wackeligen Beinen unter einem Baum stand, und ließ es trinken. Als der Tierarzt kam, den die besorgten Farmer gerufen hatten, war es schon satt.

Oft war die Sonnenfrau auch in Afrika.

Einmal hatte sie gehört, dass die Palmen vor ihrem Hotel abgeholzt werden sollten, um die Strasse zu verbreitern. Da ging sie mit ihren Begleitern dorthin, sie fassten sich an den Händen und umschlossen die Palmen wie eine Menschenkette. Auch als die Lastwagen und Bagger kamen, blieben sie stehen. Der Bauleiter wunderte sich und schüttelte den Kopf. Die Fahrzeuge fuhren wieder los. Sie begannen die Strasse von der anderen Seite zu bauen. Die Palmen wurden dann doch abgeholzt.

Aber von einem afrikanischen Freund erfuhr sie, dass die Palmen viel zu viel Wasser brauchten, und den anderen Pflanzen das ganze Wasser weggenommen hatten.

So fand sie es dann richtig, was passiert ist, und sie lachte mit ihrem Freund über die Geschichte. Schließlich hatten sie herausgefunden, wie stark Menschen sind, die sich an den Händen fassen.

Jetzt wird es ruhiger um die Sonnenfrau.

Sie ist älter geworden und möchte Dinge für sich tun, die sie liebt. Mit ihrem Mann geht sie spazieren, sie lesen und sprechen miteinander, sie genießt die Jahreszeiten in der Natur, und sie sortiert ihre Fotos und Hefte und Schriften aus den vielen Jahren der Arbeit, die sie gemacht hat.

Manchmal reist sie noch, und es kommen noch Menschen zu ihr. Wenn viele von ihnen lange reden schließt sie die Augen, und ruht ganz leise in sich. Wenn sie die Augen wieder öffnet, sieht sie sich aufmerksam um, stellt eine Frage, und trifft ins Schwarze. Wie ein Bogenschütze, der sehr lange geübt hat, und unzählige Pfeile ausgerichtet hat, als er den Bogen spannte.

Sehr gerne erinnert sie sich an ihre alte Lehrerin aus Amerika. Die hatte sie einmal bei einem Vortrag auf das Podest gebeten und sie sehr gelobt. Der Saal war voller Zuhörer. Die Sonnenfrau hat sie sich bedankt und gesagt, dass sie ihre Lehrerin sehr schätzt, und wie viel sie von ihr gelernt hat.

Und dass es auch Dinge gibt, die sie anders sieht und anders machen wird, weil sie ein anderer Mensch ist.

Da haben die Zuhörer im Saal die Luft angehalten, weil die Lehrerin so berühmt war und ihr noch niemand widersprochen hat. Darauf ist die Lehrerin aufgestanden, hat sie umarmt, und dann haben sie beide gelacht.